A V I S.

Les Personnes qui desireroient se procurer des Exemplaires de l'*Essai sur l'Education des Aveugles,* imprimé sous la direction de M. Clousier, Imprimeur du ROI, voudront bien s'adresser à Versailles, à M. Felix de Nogaret, Bibliothécaire de Madame COMTESSE D'ARTOIS, Secrétaire de la Maison Philantropique, rue du Chenil, à l'Hôtel Girardin.

ESSAI
SUR L'ÉDUCATION
DES AVEUGLES,

OU

EXPOSÉ de différens moyens, vérifiés par l'expérience, pour les mettre en état de lire, à l'aide du tact, d'imprimer des Livres dans lesquels ils puissent prendre des connoissances de Langues, d'Histoire, de Géographie, de Musique, &c., d'exécuter différens travaux relatifs aux Métiers, &c.,

DÉDIÉ AU ROI,

PAR M. HAÜY, Interprète de SA MAJESTÉ, de l'Amirauté de France, & de l'Hôtel-de-Ville de Paris ; Membre & Professeur du Bureau Académique d'Ecriture, pour la lecture & vérification des Ecritures anciennes & Etrangères.

A PARIS;

Imprimé par les Enfans-Aveugles, sous la direction de M. CLOUSIER, Imprimeur du ROI; & se vend, *à leur seul bénéfice*, en leur Maison d'Education, rue Notre-Dame-des-Victoires.

M. DCC. LXXXVI.
SOUS LE PRIVILÈGE DE L'ACADÉMIE DES SCIENCES.

AU ROI.

LA protection dont *VOTRE MAJESTÉ* honore les talens, lui assure un droit à leur hommage. Mais lorsque leurs productions tendent au soulagement de l'humanité souffrante, elles ont un *titre plus puissant encore, pour attirer les regards de LOUIS LE BIENFAISANT. C'est au milieu des sentimens qu'inspire ce nom si doux, gravé dans tous les cœurs François, que j'ai conçu le desir d'offrir à VOTRE MAJESTÉ, ce fruit de mes veilles; s'il a quelque prix, il en sera redevable au double avantage, & de paroître sous des auspices aussi augustes, & de servir comme de canal aux bontés que de jeunes infortunés, privés du bienfait de la lumière, osent attendre de leur SOUVERAIN.*

Je suis, avec le plus profond respect,

SIRE,

DE VOTRE MAJESTÉ,

Le très-humble, très-obéissant, & très-fidèle
Sujet & Serviteur,

HAÜY.

AVANT-PROPOS.

Parmi les infortunés qui ont été privés, foit dès l'inftant de leur naiffance, foit dans la fuite, par quelqu'accident, de l'organe qui contribue le plus à nous faire jouir des avantages & des agrémens de la Société, il s'en eft trouvé dont les efforts courageux ont réuffi à adoucir, par quelqu'occupation, cette pofition affligeante. Les uns, pleins de pénétration ont enrichi leur mémoire des productions de l'Efprit humain, & ont puifé dans les charmes d'une converfation ou d'une lecture à la quelle ils affiftoient, des connoiffances qu'il leur étoit impoffible de recueillir eux-mêmes, dans les dépôts précieux où elles étoient renfermées. Les autres, doués d'une dextérité capable de faire honneur à un artifte muni de fes yeux, ont exécuté des travaux mécaniques, où l'on retrouvoit, & l'exactitude & le fini d'une main dirigée par

B

la lumière. Mais malgré d'auffi heureufes difpofitions
dans les aveugles, ces espèces de prodiges n'étoient,
de leur part, que le fruit d'une application opiniâtre,
& ne fembloient réfervés qu'à un petit nombre d'êtres
privilégiés parmi eux ; tandis que le refte de leurs frères, livrés à une oifiveté dont ils croyoient ne pouvoir
jamais fortir, mouroient à la Société, au moment
même où ils recevoient leur exiftence au milieu d'elle ;
& la plûpart, victimes tout à la fois de la privation de
la vue & de celle de la fortune, n'avoient en partage
que la pénible & trifte reffource de mendier, afin de
prolonger, pour ainfi dire dans l'obfcurité d'un ca-
chot, leur exiftence malheureufe. C'eft pour fervir
cette Claffe d'infortunés, que j'ai imaginé un *Plan Général d'Inftitution*, qui, à l'aide de principes & d'uf-
tencilles à leur ufage, pût rendre *facile* aux uns, ce
qu'ils n'exécutoient *qu'avec peine*, & *poffible* aux autres, ce qu'ils paroiffoient *ne pouvoir* exécuter.

J'ai fenti que l'entreprife étoit difficile ; qu'elle ex-
cédoit les forces d'un feul homme ; & j'ai cherché de

l'appui. Des Personnes Bienfaisantes se sont empres-
sées de toutes parts de concourir à cette bonne œuvre.
Elles ont posé les premiers fondemens d'un Édifice,
dont la construction fait l'éloge de leurs cœurs & honore le *Siècle* où elles vivent. Chacune d'elles semblé
même m'avoir disputé à l'envi la douce satisfaction dé
perfectionner & d'achever ce monument ; & je l'a-
voue avec plaisir ; s'il étoit permis à quelqu'un de se
faire honneur d'une pareille entreprise ; c'est à *Elles*,
plus qu'à qui que ce soit qu'en appartient la gloire. J'a-
bandonnerai donc dans le cours de cet ouvrage, toute expression qui annonceroit de ma part des préten-
tions à une propriété particulière ; & je n'y parlerai
qu'au nom de ces zélés Coopérateurs, qui, soit par
leurs lumières, soit par leurs secours, se font assuré
un droit inaliénable à ma reconnoissance.

AVERTISSEMENT.

Le Frontispice de cet ouvrage, l'Épitre Dédicatoire, l'Avant-Propos, le présent Avertissement, les Notes, le Rapport de l'Académie des Sciences, Celui de M^rs. les Imprimeurs, les Modèles d'Impression & la Table des Matières, ont été imprimés par les Enfans-Aveugles, avec le Caractère Typographique ordinaire. Ils se sont servi pour le reste, du Caractère imaginé pour leur propre usage, & qui est celui dont ils lisent l'impression, lorsque le foulage n'en est pas détruit.

ESSAI

ESSAI
SUR L'EDUCATION
des Enfans-Aveugles.

CHAPITRE I.
But de cette Institution.

Avant de rendre compte des motifs de notre Ins-

A

titution, qu'il nous soit permis de dire un mot sur les dispositions dans lesquelles nous sommes, non seulement de répondre à toutes les objections que l'on pourroit nous faire, mais encore d'entrer dans tous les détails que l'on a droit d'exiger de nous.

Quoi qu'il n'y ait presque point d'invention qui n'ait excité les clameurs de l'Envie & de l'Ignorance; nous osons nous flatter que notre Institution n'a rien à redouter de leurs traits. Sa nature, les lumières du Siècle où nous vivons, le bon naturel de nos concitoyens, tout nous assure que nous n'aurons à éclaircir, dans la suite de cet ouvrage, que des difficultés proposées par une critique sage & assez bien intentionnée pour seconder nos efforts, au lieu de chercher à nous décourager.

C'est dans cette espérance que nous ne négligerons de répondre à aucune des objections qui nous paroîtront tomber ou sur les moyens ou sur les motifs de l'Institution des Aveugles. Nous ferons plus ; nous écarterons de l'imagination de nos Lecteurs tout ce qui pourroit

pourroit en imposer aux personnes qui n'ont pas assis-
té à nos Exercices, & à qui
de trop zélés partisans de
notre Institution auroient
présenté du merveilleux, où
il n'existe que des faits très
naturels. En offrant ainsi
un tableau fidèle de notre
méthode considérée sous
son véritable point de vue,
notre intention est de ne
laisser de cet Etablissement

B

dans l'esprit du Public, que la véritable idée qu'il doit en avoir.

Enseigner aux Aveugles la Lecture, à l'aide de livres dont les caractères sont en relief ; & au moyen de cette lecture, leur apprendre l'Imprimerie, l'Écriture, le Calcul-Arithmétique, les Langues, l'Histoire, la Géographie, les Mathématiques, la Musique &c.

Mettre entre les mains de ces infortunés diverses occupations relatives aux Arts & aux Métiers, tels que le Filet, le Tricot, la Brochure des livres, les ouvrages au Boisseau, au Rouet & à la Trame, &c.

2.mo. Pour occuper agréablement ceux d'entr'eux qui vivent dans un état aisé;

3.do. Pour arracher à la

mendicité ceux qui ne sont
point avantagés des faveurs
de la Fortune, en leur donnant des moyens de subsistance; & rendre enfin à la
Société leurs bras ainsi
que ceux de leurs conduc-
teurs.

Tel est le but de notre
Institution.

Chapitre

CHAPITRE II.

Réponse à l'Objection contre l'utilité générale de cette Institution.

On nous a rendu unanimement la justice de convenir, que nous avions rempli le premier objet de notre Institution, en offrant un amusement aux Aveugles fortunés : &

C

s'il s'est élevé quelque doute, ce n'a été que sur la possibilité de réaliser les espérances que nous avions données de mêler dans notre Etablissement l'utile à l'agréable.

» En enseignant à vos
» Aveugles, nous dit-on,
» toutes les parties de l'E-
» ducation que vous propo-
» sez, auriez-vous conçu
» le projet de peupler la

» République des Lettres
» & des Arts, de Savans,
» de Professeurs, d'Ar-
» tistes, capables quoi-
» qu'Aveugles, d'y jouer
» un rôle distingué, ou
» même de trouver à coup
» sûr des moyens de sub-
» sistance dans leurs pro-
» pres travaux ? «

Non. Nous ne préten-
dons pas mettre jamais le
plus habile de nos Aveu-

gles en concurrence dans aucun genre, même avec le plus médiocre des Savans ou des Artistes clair-voyans ; mais lorsqu'au défaut de ceux-ci, ceux-là pourront remplir quelqu'objet d'utilité, nous osons les recommander à la Bienveillance Publique ; & si ce n'est ni le goût des talens, ni la nécessité de les employer qui ouvre

ouvre des ressources à nos Aveugles, peut-être sera-ce l'amour de l'Humanité. Combien de fois déjà n'avons-nous pas vu la Bienfaisance prescrire ingénieusement des travaux à ces infortunés, pour avoir occasion de leur offrir des secours sans blesser leur amour-propre!

Voilà ce que nous avons à répondre d'abord sur l'u-

tilité générale de notre
Institution, en attendant
que nos Lecteurs puissent
se convaincre par les dé-
tails de cet ouvrage, &
mieux encore, par l'expé-
rience, jusqu'à quel point
notre Education pourra
concourir un jour à la subsistance des Aveugles, nés
au sein de l'indigence.

CHAPITRE III.

De la Lecture
à l'usage des Aveugles.

La Lecture est le vrai
moyen d'orner la mémoire
d'une manière facile,
prompte & méthodique.
Elle est comme le Canal
par lequel nous parvien-
nent nos différentes con-
noissances. Sans elle les

productions littéraires ne formeroient dans l'esprit humain qu'un amas désordonné de notions vagues. Enseigner à lire aux Aveugles ; composer une bibliothéque à leur usage, devoient donc faire l'objet de nos premiers soins. Avant nous l'on avoit fait à ce sujet diverses tentatives infructueuses. Tantôt à l'aide de caractères

en

en relief & mobiles sur une planche; (*) (1) tantôt en employant des lettres formées sur une Carte par des piquures d'épingle, (2) on étoit parvenu à mettre à la pórtée des Aveugles les principes de la Lecture. Déja se réalisoient pour eux les merveilles de l'Art d'Ecrire. Déja sous

(*) Voyez les notes à la fin de l'ouvrage.

E

leur tact, devenu en quelque sorte une espece de vi-
sion, les pensées prenoient
un corps. Mais ces usten-
siles grossiers ne présen-
toient à l'Aveugle que la
possibilité de le faire jouir
des charmes de la lecture,
sans lui en donner les
moyens. Nous n'eûmes pas
de peine à les trouver ; le
principe en existoit depuis
long-tems, & journelle-

ment il se reproduisoit sous nos yeux.

Nous observâmes qu'u-
ne feuille d'impression
sortant de la presse, pré-
sentoit au revers toutes
les lettres en relief, mais
dans un ordre contraire à
celui de la lecture. Nous
fîmes fondre des caractè-
res Typographiques dans
le sens où leur empreinte
frappe nos yeux; & à l'ai-

de d'un papier trempé à la manière des Imprimeurs, nous parvînmes à tirer le premier exemplaire qui eût paru jusqu'alors, avec des lettres dont le relief pût être distingué par le tact au défaut de la vue. Telle fut l'origine de la Bibliotheque à l'usage des Aveugles.

Après avoir employé successivement des caractères

tères de différentes gros-
seurs suivant la capacité
du tact de nos Eleves,
nous avons cru devoir nous
borner, du moins dans les
premiers tems de notre
éducation, à celui qui nous
a servi à imprimer le corps
de cet ouvrage. Ce Carac-
tère nous a paru tenir le
milieu entre ceux que les
différens individus qui
sont privés de la lumière,

F.

peuvent palper, chacun suivant le dégré de fines-se que la nature lui donne, ou bien que l'âge ou le travail lui laissent dans le toucher.

On conçoit aisément que ces moyens une fois trouvés, il n'est pas plus difficile d'apprendre les principes de la lecture à un aveugle qu'à un clair-voyant.

De la Lecture de l'Imprimé à celle du Manuscrit, il n'y a pour l'aveugle qu'un pas à faire. Nous ne parlons pas ici du manuscrit à la manière des clairvoyans : nous avons jusqu'à ce jour vainement tenté l'usage des encres en relief ; & nous les avons suppléées par des traits produits sur un papier fort à l'aide d'une

plume de fer, dont le bec
n'est pas fendu. Il est inu-
tile de prévenir que lors—
qu'on écrit à un Aveugle,
on ne se sert point d'encre;
que le caractère est ap—
puyé, séparé & un peu
gros, à peu-près dans le
genre de celui qui est maintenant entre les mains de
notre Lecteur; qu'enfin
l'on n'écrit que sur le recto
ou le verso d'une page. Tou-

tes

tes ces précautions étant
observées, les aveugles liront passablement l'écri-
ture cursive des clair-
voyans, la leur même &
celle de leurs semblables.
(3) Ils feront plus ; ils dis-
tingueront également sur
le papier les caractères de
musique & autres, rendus
sensibles par nos procédés,
comme nous le démontre-
rons dans la suite.

G

CHAPITRE IV.

Réponse à diverses objections contre la Lecture à l'usage des Aveugles.

» 1°. Les reliefs de votre
» Caractère s'effacent
» sans doute facilement,
«(nous dit-on) et bientôt ils
» n'affecteront plus le
» tact des Aveugles. «
Personne n'ignore le

délicatesse de ce sens chez
des individus qui, depuis
l'enfance, s'en servent
pour remplacer celui que
la Nature leur a refusé.
La surface, en apparence
la plus égale à nos yeux,
présente à leurs doigts,
des inégalités qui sem—
blent échapper à cet or—
gane, avec lequel cepen—
dant l'homme qui voit
clair atteint fièrement

l'astre le plus reculé dans l'immensité des Cieux. Et lorsque nos Elèves distinguent au toucher un caractère typographique dont l'œil est émoussé ; lorsqu'ils sentent la différence d'un quart de ligne entre deux épaisseurs données ; lorsqu'enfin ils lisent encore une suite de mots après qu'on en a affaissé les reliefs, qu'avons nous

nous à craindre du fré-
quent usage qu'ils feront
de leurs livres, si ce n'est
cette destruction entière
des volumes, de laquelle
ceux des clairvoyans même
ne sont pas exemts?

» 2°. Vos livres (ajou-
» te-t-on) sont trop volu-
» mineux. Vous enflez un
» léger in-douze, & vous
» en faites croître la for-
» me commode & portati-

B

» ve, jusqu'à la masse
» énorme & gênante de
» l'in-folio.

Nous pourrions nous
contenter de répondre à
cette objection, que notre
imprimerie n'est encore
qu'au berceau ; qu'elle se
perfectionnera peut-être
un jour comme celle des
clairvoyans ; qu'elle aura
sans doute aussi ses Bel-
zévirs, ses Barbou, ses

Pierres, les Didot &c. Eh ! depuis sa naissance, combien n'a -t- elle pas déja d'obligations à M. Clousier, Imprimeur du Roi, qui nous aide de ses conseils avec autant de zèle que de désintéressement ?

Nous ajoutons, qu'en attendant ce dégré de per-fection, nous nous occu-pons maintenant d'une méthode d'abréviations qui diminuera de beaucoup la grosseur de nos Volumes. Nous espérons en donner les premiers essais, dans l'ouvrage que nous ferons imprimer immédiatement après celui-ci, à l'usage des Aveugles. (4)

D'ailleurs nous ferons un choix ; nous ne confierons à notre presse que les œuvres dont la réputa-

tion

tion sera méritée : en am-
plifiant d'un côté, par la
dimension de nos caractè-
res, nous abrégerons de
l'autre par le discerne-
ment; & peut-être un jour
la bibliothèque de l'aveugle sera celle de l'homme
de goût.

» 3°. Mais avouez donc
» que vos Aveugles lisent
» lentement, & que le
» discours le plus animé

» semble venir expirer sur
» leurs lèvres, sans vie
» & sans mouvement. «

Nos Elèves, il est vrai,
lisent avec lenteur. Outre
le trop peu d'usage que la
nouveauté de notre Institution leur a permis d'ac-
quérir dans la lecture, ils
ont encore le désavantage
de ne voir en lisant (si
nous pouvons nous expri-
mer ainsi) qu'une seule

lettre à la fois ; comme
feroit notre Lecteur lui
même, en ne lisant qu'à
travers une ouverture, de
la grandeur d'un des ca-
ractères de cet ouvrage.
Mais nous espérons qu'a-
près un fréquent usage de
la lecture , & en se ser-
vant des abréviations
dont nous avons parlé ci-
dessus , nos aveugles li-
ront avec plus de célérité.

D'ailleurs nous n'avons jamais eu l'ambition d'en faire des Lecteurs pour placer auprès des Prin‐ ces, ou dans les Chaires d'Eloquence. Qu'ils pren‐ nent seulement par le moyen de la lecture les Elémens des Sciences ; qu'ils y trouvent un remè‐ de contre l'ennui : nos vœux seront comblés.

4°. Mais à quoi bon enseigner

» enseigner les lettres aux
» aveugles? pourquoi impri-
» mer des livres à leur usa-
» ge? ils ne liront jamais
» les nôtres. Et de la con-
» noissance qu'ils auront
» des principes de la lectu-
» re, résultera-t-il quel-
» ques avantages pour la
» Société? «

A notre tour permettez-
nous de vous interroger.
Que sert-il que l'on impri-

me des livres chez tous les peuples qui vous environnent? Lisez-vous le Chinois, le Malabar, le Turc, les Quipos du Péruvien, & tant d'autres langages si nécessaires à ceux qui les entendent? Eh bien! vous ne seriez qu'un aveugle à la Chine, sur les rives du Gange, dans l'Empire Ottoman, au Pérou.

Quant à l'utilité dont il

peut être pour la Société
qu'un aveugle sache lire,
sans nous écarter du sen-
timent que nous avons an-
noncé vers la fin de la
page 11 de cet ouvrage, nous
en appellons avec plaisir à
l'expérience que nous
avons vu se réitérer plusieurs fois sous nos yeux,
& dont le Public lui-même
a été témoin dans nos exercices; c'est celle d'un

enfant aveugle enseignant à lire à un enfant clairvoyant; (5) nous en appellons à l'exemple de l'aveugle du Puyseaux.(6) Nous en appellons à vous enfin tendres & respectables époux! nés dans le sein d'une fortune honnête; vous dont le fils vient de naître, & cependant ne verra jamais le jour; quelle douce satisfaction pour nous

nous de pouvoir modérer les transports de votre douleur. Oui, notre plan d'Institution va, d'un côté, rendre à ce fils, déja tendrement aimé, la moitié de son existence ; de l'autre, vous fournir les moyens de satisfaire le desir que votre goût pour les Sciences & les talens vous inspire, de lui procurer une éducation digne d'un enfant bien-né. Et vous, Savans, qui nous éclairez de vos lumières! Si les suites d'un travail opiniâtre éteignent un jour cette vue que vous avez fatiguée pour notre instruction, permettez-nous alors de vous offrir une ressource faite pour prolonger tout à la fois, à nous, le bienfait de vos leçons; à vous, la jouiss sance d'un avantage dont elles sont en partie le fruit agréable. Homere, Bélizaire, Milton, affligés de la cécité, eussent été charmés de consacrer encore au service de la Patrie les années de leur vie qui suivirent la perte de leur vue.

CHAPITRE V.

De l'Imprimerie des Aveugles, à leur propre usage.

L'analogie qu'a la manière de lire des aveugles avec leur impression, nous ayant forcés de donner par anticipation, dans le Chapitre 3, quelques détails relatifs à la naissance de leur

leur Imprimerie, il nous
reste à développer dans celui-ci les principales parties de cet Art, soumises
à leur usage.

Il en sera chez les
Aveugles, à l'égard de
l'exercice de l'Imprime-
rie, comme chez les Clairvoyans. Chaque individu
ne pourra, sans doute, en
avoir une possession pri-
vée. (7) La nécessité des

L

connoissances relatives à cet Art ; la multiplicité & la cherté de ses ustensiles ; la Sanction requise pour en faire profession ; tout restreindra l'usage de la Presse à une Société d'aveugles uniquement destinés à l'exercer. C'est de notre Maison d'Institution que nous espérons faire le Chef-lieu (si nous pouvons parler ainsi) d'où se tireront les Productions Typographiques à l'usage, par exemple, de tous les aveugles, qui, dans leur infortune, auront la douce consolation d'être nés sous l'empire de notre Monarque. (8) Venons à la manière dont nos Eleves-Aveugles exécutent leurs travaux Typographiques.

Nous avons donné à leur

Casse l'ordre Alphabéti-
que, tout en leur conser-
vant sous la main les ca-
ractères d'un fréquent
usage. Nous avons préfé-
ré cette distribution, dans
la crainte que les Aveu-
gles ne fussent moins
adroits, que nous ne les
avons trouvés. C'est d'a-
près le même principe, que
nous les faisons composer
dans un chassis, doublé
d'un

d'un fond de cuivre, percé
de plusieurs rangs de pe-
tits trous, par lesquels ils
font sortir, à l'aide d'une
pointe, les caractères qui
sont à changer. C'est
d'après le même principe
que nous avons fait ajus-
ter, dans l'intérieur de ce
chassis, deux reglettes en
fer, (mobiles au moyen
de leurs vis,) l'une sur le
côté, l'autre au bas de la

page, & servant à la jus-
tifier. C'est enfin d'a-
près le même principe, que
nous élevons le chassis
horizontalement en lon-
gueur sur quatre pieds,
dont les deux qui portent le
commencement de la page,
sont plus bas de moitié que
les deux sur lesquels la fin
est appuyée; afin que, sans
se servir de composteur,
l'aveugle place les mots

à mesure, & qu'ils ne se renversent pas, lorsqu'il compose le reste de la page.

Le sens dans lequel se présentent les caractères Typographiques des aveugles, indique naturellement, que l'arrangement doit s'en faire de gauche à droite, comme nous l'avons observé page 19. Et pour faciliter la lecture aux aveugles, du moins dans les

premiers tems de leur éducation, il est bon de mettre
des espaces entre les mots
& quelquefois même en-
tre les lettres.

Il est aisé de voir qu'on
ne peut faire de retirati-
on, lorsqu'on imprime en
relief, sans s'exposer à
détruire le foulage, d'a-
près lequel seul les aveugles peuvent lire. Aussi
pour conserver aux pages

la

le même ordre qu'elles ont
dans les livres des clairvoyans, l'aveugle est-il
obligé de coller, dos à dos,
par les extrémités, les
quatre pages d'une feuille
en sortant de la presse;
& alors l'imposition des
chassis se fait dans un
ordre différent de celui
des Clairvoyans. Les
feuilles étant ainsi col-
lées, on en forme des li-

vres, en les brochant sim-plement & les couvrant en Carton, sans les battre.

Le Tirage de ce genre d'impression se fait aisément, au moyen d'une presse à Cylindre qu'un levier fait mouvoir, d'une extrémité à l'autre, le long de deux bandes de fer, entre lesquelles sont placées les formes à la manière des Imprimeurs. (9)

Nous emploierons avec
succès les mêmes procédés
pour tirer en relief à l'usage des aveugles la Musi-
que, les Cartes de Géographie, les principaux traits
de dessins, & générale-
ment toutes les figures
dont la connoissance peut
être prise par le moyen du
tact. C'est pour ces der-
niers objets sur-tout, que
nous espérons que l'admi-

rable découverte de MM. Boffmann sera précieuse aux aveugles ; nous partageons d'avance leurs sentimens de gratitude envers ces Artistes estimables. (10)

A la presse dont nous avons parlé ci-dessus, nous avons imaginé d'ajouter un tympan à l'aide duquel, les aveugles tirent en, noir à leur gré, des

des exemplaires d'une édition absolument conforme
à ceux qu'ils font en blanc
à leur usage.

Ce procédé qui s'appli-
que également à la Musi-
que, aux Cartes de Géo-
graphie, aux Dessins &c.
met l'aveugle à portée,
non-seulement de se rendre
compte à lui-même de tou-
tes les productions qu'il
desire transmettre aux

O

clairvoyans ; mais encore
de diriger facilement leurs
études par la similitude
des exemplaires, dans la
supposition où l'on daigne-
roit le charger de leur donner des leçons.

CHAPITRE VI.

De l'Imprimerie des Aveugles, à l'usage des Clairvoyans.

Si nous avons été assez heureux pour imaginer les moyens de rendre l'Imprimerie utile aux Aveugles pour leur propre usage; si c'est à nous qu'ils doivent l'avantage de posséder

désormais des bibliothe-
ques, & de prendre dans des
livres faits exprès pour eux
les notions des Lettres,
des Langues, de l'Histoire,
de la Géographie, des Ma-
thématiques, de la Musi-
que &c, nous ne sommes
pas les premiers qui ayons
osé tenter de leur faire coucher leurs idées sur le papier au moyen des Lettres
Typographiques. Nous
avons

avons vu entre les mains de
Mademois. Paradis (11)
une Lettre imprimée par
elle en caractère de Cicé-
ro, & en langue Alman-
de, pleine des sentimens
les plus délicats & les
mieux peints. Cet essai
nous a fait naître l'idée
d'appliquer les Aveugles
à l'imprimerie pour le
service des Clairvoyans ;
elle nous a réussi pour tous

les genres d'ouvrages grossiers & courans comme on
peut en juger par les différens modèles qu'ils ont
exécutés & qui se trouvent
à la fin de cet ouvrage.

D'après nos procédés,
les Aveugles formés à
notre Institution, compo-
sent une planche d'Impri-
merie du genre de ces modèles, avec d'autant plus de
facilité qu'étant presque

toujours de la même te-
neur, il suffit de leur en
écrire la matière avec une
plume de fer dont le bec
n'est pas fendu, ou avec le
manche d'un canif, ainsi
que nous l'avons indiqué
plus haut, Chapitre 3.

Après avoir exercé l'a-
veugle sur les différentes
parties de l'Art Typogra-
phique, à la manière des
Clairvoyans, il s'en est

trouvé peu dans lesquelles il n'ait pas réussi. Nous l'avons vu successivement composer, justifier, imposer, tremper le papier, toucher, tirer &c. (12) Nous en appellons d'ailleurs aux juges compétans en cette matière, & nous renvoyons nos Lecteurs au rapport de MM. les Imprimeurs, qui suit celui de l'Académie des Sciences.

Chapitre VII.

CHAPITRE VII.

De l'Ecriture.

L'exemple de Bernouilli, qui avoit appris à écrire à une jeune fille aveugle; celui de M. Weissenbourg, qui, privé de la vue dès l'âge de sept ans, s'est procuré à lui-même l'avantage de coucher aussi ses idées par écrit, nous en—

couragerent à tenter les moyens de mettre la plume à la main de nos Eleves. Mais toujours occupé de notre vrai point de vue, c'est à dire de rendre notre Institution utile à tous égards aux individus qui en étoient les objets, nous avons cru qu'il ne pouvoit être que curieux de faire Ecrire des Aveugles, s'ils ne parvenoient à lire leur

propre Écriture ; c'est ce
qui nous a engagé à faire
exécuter à leur usage une
plume de fer dont le bec ne
fût pas fendu, & avec la-
quelle écrivant sans en-
cre & en appuyant, sur un
papier fort, ils y produisis-
sent un caractère de relief
qu'ils pussent lire ensuite, en passant leurs doigts
sur les traits saillans du
verso de la page, & à sens

contraire. Ce relief, quelque léger qu'il paroisse,
est toujours suffisant,
sur-tout lorsqu'on a soin de
garnir le dessous du papier
sur lequel écrit l'aveugle,
de quelque surface moë-
leuse, telle que plusieurs
feuilles de papier de rebut,
du carton, ou de la peau.

Quant au méchanisme
propre à enseigner l'Art
d'écrire aux Aveugles-nés,
il

il n'est pas difficile à exécuter ; il ne s'agit que d'accoutumer l'élève à suivre,
avec une pointe, des ca-
ractères rangés en forme
de lignes. Mais au lieu de
diriger la marche de cette
pointe au moyen de carac-
tères en relief, comme a
fait M. Weissenbourg,
il vaut mieux le conduire
à l'aide de lettres creu-
sées dans quelque métal.

R

Nous avons ajouté à cette précaution, celle de donner à nos lettres d'impression la forme de celles d'écriture, afin d'accoutumer de bonheur l'élève aveugle à en saisir la ressemblance. Enfin lorsqu'il a acquis l'habitude des formes, il ne lui reste plus pour écrire droit, qu'à mettre sur son papier un chassis, garni intérieurement

de plusieurs cordonnets
paralleles à la direction
de l'écriture, & distans
entre eux d'environ 9 li-
gnes pied de Roi. Ces pa-
ralleles servent à diriger
la main de l'aveugle, dans
le tems où il la transporte
de gauche à droite pour tracer ses Caracteres.

CHAPITRE VIII.
De l'Arithmétique.

Nous avons admiré les tables ingénieuses de Saunderson (13) & celles de M. Weissenbourg; (14) & si nous n'avons adopté ni l'une ni l'autre des deux méthodes, c'est que notre but étant de mettre sans cesse les Aveugles en relation

relation avec les clair-
voyans, nous avons cru
devoir préférer la manière
de ces derniers. Aussi
lorsque nos Elèves calcu-
lent, peut-on suivre pas à
pas leur opération.

Nous leur avons fait
faire à cet effet une planche percée de divers rangs
de trous quarrés, propres
à recevoir des chiffres
mobiles & des barres pour

séparer les différentes parties d'une opération.

Nous avons ajouté pour l'usage de cette planche une casse composée de 4 rangs de cassetins contenant toutes les figures propres au calcul, & qui se place à droite de l'aveugle lorsqu'il opére.

La seule difficulté qui s'offroit, étoit de repré- senter toutes les fractions possibles sans multiplier les caractères qui les expriment. Nous avons imaginé de faire fondre 10 dénominateurs simples dans l'ordre des chiffres 0, 1, 2, &c. jusqu'à 9 inclusivement; & 10 nu-mérateurs, simples aussi, dans le même ordre, mobi-les, pour pouvoir s'adapter en tête des dénominateurs. Au moyen de cette combinaison, il n'est pas de fraction que nos Élèves ne puissent exprimer.

On voit par ce que nous venons de dire, que notre méthode a un double avantage.

1°. Un Père de famille, ou un Instituteur peuvent diriger facilement un enfant aveugle dans l'étude des Calculs.

2°. Cet aveugle une fois instruit

instruit, peut aussi con-
duire à son tour des opérations d'Arithmétique, faites par un Enfant Clair-
voyant.

Les Aveugles d'ailleurs
ont une telle disposition
pour le calcul, que sou-
vent nous les avons vu
suivre une règle de tête
seulement, & en redres-
ser les erreurs.

CHAPITRE IX.

De la Géographie.

Nous devons à Made-
mois. Paradis la connois-
sance des Cartes de Géo-
graphie à l'usage des Aveugles. Elle la tient elle-
même de M. Weissen-
bourg : mais nous sommes
étonnés qu'ils n'aient encore porté ni l'un ni l'autre

à un plus haut dégré de per-
fection, les ustensiles qui
servent à l'étude de cette
science.

En effet ils indiquent
les contours des différens
pays avec de la chenille,
parsement les diverses
parties de leurs cartes
d'un sable glacé de différentes manières, & distinguent les ordres de Villes
par des grains de verre

plus ou moins gros.

Nous nous sommes con-
tentés de marquer les limi-
tes dans nos Cartes à l'u-
sage des Aveugles , par
des fils de fer minces &
arrondis; & c'est toujours
la différence ou de la forme ou de la grandeur de
chaque partie d'une Carte,
qui aide nos Elèves à les
distinguer l'une de l'au-
tre.

Nous

Nous avons imaginé ce moyen de préférence à cau-se de la facilité qu'il nous donne de multiplier, à l'aide de la presse, les copies de nos cartes originales pour l'usage des aveugles. Il sera d'ailleurs plus suscep-tible que tout autre de se préter à l'exécution des détails les plus délicats qui puissent affecter le tact de ces individus ; & celui de nos premiers Elèves s'est tellement perfectionné dans l'usage des Cartes de Géographie, qu'on les voit tous les jours avec surprise, dans nos exercices, distinguer un Royaume, une Province, une Ile, dont on leur présente l'empreinte isolée, sur un carré de papier,

CHAPITRE X.
De la Musique.

En traçant le plan d'Education des aveugles, nous n'avions d'abord regardé la Musique que comme un accessoire propre à les délasser de leurs travaux. Mais les dispositions naturelles de la plupart des Aveugles pour cet Art; les

ressources qu'il peut fournir à plusieurs d'entre eux
pour leur subsistance; l'intérêt qu'il paroît inspirer
aux personnes qui dai-
gnent assister à nos exercices ; tout nous a forcé de
sacrifier notre propre opinion à l'utilité générale.

Les Aveugles ont des
dispositions naturelles
pour cet Art. Un nombre
considérable d'entre eux ,

dénués

dénués de moyens pour vi-
vre, saisissent avec empressement par besoin une profession vers laquelle leur
goût les entraînoit déja.
Ce n'est que faute de principes sans doute, que quelques-uns sont réduits à
courir les rues, pour aller
de porte en porte déchirer
les oreilles, à l'aide d'un
instrument discord ou d'une
voix rauque, afin d'arra-

cher une légère pièce de monnoie qu'on leur donne souvent en les priant de se taire. (15)

D'autres moins infortunés, & se livrant par choix à un instrument qui leur présente plus de ressource, suivent la carrière des Couperin, des Balbatre, des Séjan, des Miroir, des Carpentier. (16)

Notre Institution va leur offrir à tous des se-cours, soit pour l'étude, soit pour la pratique de leur Art. Avant nous, on étoit obligé d'apprendre aux aveugles par une espè-ce de routine les morceaux de musique qu'ils désiroient exécuter. Nous avons fait fondre des ca-ractères de musique pro-pres à en représenter sur le papier tous les traits possibles, par des reliefs dans le genre de ceux que nous avons imaginés pour figurer les paroles. (17)

A l'aide de notre musique imprimée, l'aveugle peut donc apprendre maintenant les principes de cet art, & mettre ensuite dans sa mémoire les différens morceaux dont il désire l'enrichir. (18)

„ Il peut aussi se former
une Bibliothéque de goût,
composée des plus belles
productions musicales; &
enfin nous transmettre lui
même les fruits de son propre génie. (19)

Quant à la musique in-
troduite dans nos exerci-
ces particuliers, nous
prions nos Lecteurs de ne
la considérer que comme
un délassement honnête

que nous nous sommes vu
forcés d'accorder à nos
Elèves.

Notre Institution est
dans son origine un Ate-
lier dont les différens Artistes & Ouvriers égayent
de tems en tems leurs travaux par l'Harmonie. Et
nous nous sommes d'au-
tant moins refusé à les
laisser exécuter quelques
morceaux, même dans leurs

Exercices publics, que la plupart des personnes bien-faisantes qui ont daigné y assister, ont toujours té-moigné en les entendant le plus vif attendrisse-ment.

CHAPITRE XI.

Des Ocupations relatives aux Métiers.

Avant la naissance de notre Institution, quelques Aveugles, fatigués sans doute de cette inertie à laquelle leur triste situation sembloit les condamner, firent des efforts pour en sortir. (20) Convaincus

vaincus de leur aptitude à
diverses occupations ma-
nuelles, nous n'eûmes d'autre soin à prendre que celui de choisir les travaux
qui leur étoient propres.
On les appliqua avec suc-
cès à la Filature. (21) Du
fil de leur fabrique nous
réussîmes à leur faire re-
tordre de la ficelle ; & de
cette ficelle nous leur fîmes tramer de la Sangle.

G

Les ouvrages au bois-
seau, le filet, le tricot,
la couture, la reliure des
livres, tout fut tenté à
notre satisfaction ; &
nous manquâmes plutôt
d'artisans que de travaux:
tant il est d'espèces d'occupations manuelles que
l'on peut confier aux in-
fortunés qui sont privés
des douceurs de la lumière.

D'après ces premiers

essais, nous ne négligerons rien pour mettre de bonne heure entre les mains de chaque enfant aveugle, né de parens indigens, une occupation dont il puisse un jour tirer sa subsistance. Nous extirperons ainsi le penchant à la mendicité ; & nous acheverons de mettre l'ensemble dans notre tableau, & d'en animer les parties.

CHAPITRE XII.

De la Manière d'instruire les Aveugles, & Parallele de leur Education avec Celle des Sourds & Muets.

Comme nous nous sommes principalement attachés à simplifier les moyens & les ustensiles propres à instruire les Aveugles

Aveugles, nous nous flat-
tons d'avoir mis leur éducation à la portée de tout
le monde. Cette opération
est d'ailleurs assez facile
par elle-même, & exige de
la part du Maître plus de
courage que de lumières.
Nous croyons donc n'a-
voir à ce sujet aucun avis
particulier à donner.

À l'aide de nos livres
en relief, toute personne

pourra leur enseigner la
lecture. Sur les Œuvres de
musique imprimées à notre
presse, tout Professeur de
cet Art leur en donnera
des leçons. Avec une plu-
me de fer, avec des plan-
ches & des caractères mobiles exécutés sur nos modèles, le premier Maître
Ecrivain leur enseignera
l'écriture & l'Arithméti-
que. Enfin il ne faudra que

des Cartes en relief pour diriger leur étude en Géographie ; & ainsi du reste. (22)

Nous ne finirons point cette réflexion sur le degré de facilité de l'éducation des aveugles, sans en faire le parallele avec celui de l'institution des Sourds & Muets. Quelqu'étonnant que puisse paroître aux yeux du Public

le résultat de nos procé-
dés, nous sommes bien
éloignés de souscrire à
l'admiration précipitée de
quelques personnes qui
veulent bien donner à ce
résultat, la préférence
sur l'Art d'instruire les
Sourds & Muets: Art,
nous osons le dire, incroya-
ble pour ceux qui n'au-
roient point été témoins
des succès auxquels il a
conduit

conduit le vertueux Ec-
clésiastique qui en est le
créateur, & dont plusi-
eurs, même de ceux qui
les ont vus, n'ont su ni
en apprécier le mérite, ni
en sentir toute la difficulté. Qu'on le suive en effet
pas à pas; qu'on le prenne
à l'instant où il commence
à vouloir faire entendre
ses premiers signes à son
Elève. Qu'on nous expli-

que par quel talent enchan-
teur, il apprend à des
Sourds, à distinguer les mo-
des d'un verbe, ses tems,
les inflexions de ses personnes. Que l'on nous di-
se comment il insinue dans
leur esprit des idées Méta-
physiques? Par quel secret
merveilleux, il s'en fait
entendre au seul mouve-
ment des lèvres, & entre-
tient avec eux une espèce

de conversation, très ex-
pressive, toute muette
qu'elle est? Et l'on con-
viendra que le Talent
d'imprimer dans l'âme des
idées nouvelles, en par-
lant aux yeux seuls, par
des gestes infiniment plus
éloquens que tous ceux de
nos Orateurs, est bien
supérieur au talent de ré-
veiller dans l'âme, des
idées qui y sont déja gra-

vées, en faisant concourir à l'impression de la voix, sur l'organe de l'ouïe, avec la finesse d'un tact exercé à saisir les reliefs les plus délicats. Il y avoit long-tems que nous étions sollicités, par un desir impatient, de payer ce tribut à M. l'Abbé de l'Epée; nous nous applaudissons d'avoir à le faire dans une circonstance

tance aussi favorable, &
nous nous flattons que
nos Lecteurs sentiront
toute la justice de notre
hommage. (23)

CHAPITRE XIII.

Des Langues,
des Mathématiques,
de l'Histoire, &c.

C'est pour l'étude de tous ces objets surtout, que les livres que nous avons imaginés à l'usage des Aveugles, leur seront d'un grand secours. Les ouvrages Elémentaires des

Langues, des Mathémati-
ques, l'Histoire &c. se-
ront en effet les premiers
fondemens de leur Biblio-
théque. Ceux qu'ils pour-
roient produire eux-mê-
mes, & qui auroient mé-
rité les suffrages du Pu-
blic, y trouveront leur place à juste titre. (24)

Nous aurons soin sur-
tout d'y joindre les œuvres
aussi capables de former le

cœur de notre Elève aveugle, que d'orner son esprit ; en posant pour base de ses études, celle de la religion. A l'aide de pareils principes, nous lui inculquerons l'amour de ses devoirs , & en particulier la reconnoissance pour ses Bienfaiteurs. En égayant ses jours par les détails intéressans de l'Histoire, nous lui ferons connoître les François

François parmi lesquels il
se félicite d'avoir reçu la
vie. Nous graverons dans
sa mémoire les principaux
faits de leur histoire, & les
traits de bienfaisance &
d'humanité qui se trou-
vent mêlés au récit de leurs
exploits.

Nous lui ferons remar-
quer surtout, qu'ils se
sont distingués de tout
tems par un attachement

inviolable pour leur Roi; & à la peinture fidèle que nous lui tracerons d'un MONARQUE, qui, fait pour inspirer par lui-même cet attachement, renfermé dans son équité & sa bienfaisance tous les motifs particuliers qui peuvent ajouter à l'énergie de ce sentiment héréditaire, il sentira, comme nous, que l'état le plus désirable auquel une Nation puisse parvenir, est celui où la soumission de plusieurs millions de sujets envers un Maître commun, se présente sous l'image de la tendresse respectueuse d'une grande famille, pour un PERE qui en fait le bonheur.

FIN.

NOTES

Relatives à différens Chapitres de cet Ouvrage.

(1) *P*AGE 17. C'est sans doute par ce moyen que l'Aveugle du Puiseaux, dont parle M. Diderot dans sa lettre sur les Aveugles, page 8, apprenoit à lire à son fils.

(2) *Ibidem.* Nous avons vu quelques mots ainsi piqués sur des Cartes entre les mains de Mlle. Paradis. Cette Virtuose est âgée de 20 ans; elle est née à Vienne en Autriche, lieu de sa résidence ordinaire. Une sorte d'Apoplexie l'a privée subitement de la vue à l'âge de deux ans. Elle s'est appliquée principalement à la Musique & a fait en 1784, à Paris, les délices du Concert Spirituel.

(3) *Page 25.* M. Weissembourg, fils, demeurant à Manheim, devenu Aveugle à l'âge de sept à huit ans, célèbre par les connoissances qu'il a acquises, a conservé la faculté d'écrire; mais cet avantage qui n'est qu'un objet de curiosité, en deviendra un d'utilité réelle, si, comme nous l'espérons, il adopte nos procédés.

(4) *Page 32.* On a déja des exemples de ces abréviations à la portée de tous les lecteurs, dans les Traités de Philosophie, dans les Dictionnaires, les Méthodes & autres Livres Élémentaires d'Éducation.

(5) *Page 40.* D'après la proposition faite par nous dans les Affiches, Annonces & Avis divers, le trois Décembre 1786, Page 3104, au premier Article des Demandes, nous avons fait commencer le cinq du même mois à enseigner à lire par un de nos Aveugles à un enfant clairvoyant. Pendant les

leçons, le Maître avoit un livre en relief blanc fous les doigts, tandis que l'E-
lève avoit devant les yeux la même édition en noir.

Cet enfant a donné pour la première fois des preuves de fon avancement,
aux exercices faits par les Enfans-Aveugles à Verfailles, pendant les Fêtes
de Noël de la même année.

(6) *Page* 40. Cet Aveugle, ainfi que nous l'avons dit ci-deffus, note 1, donnoit
des leçons de lecture à fon fils.

(7) *Page* 45. On fait combien il eft facile d'abufer de l'Imprimerie à tous
égards : & malgré la droiture de nos intentions, malgré la tolérance que
l'on a daigné avoir pour notre Typographie naiffante, dont les productions
portent un caractère d'originalité reconnoiffable, nous nous fommes fait une
loi de n'en rien laiffer fortir qui n'ait l'attache de M. CLOUSIER, Imprimeur du ROI, & qui ne fe foit fait fous fes yeux, ou fous ceux de quelque perfonne commife par lui.

(8) *Page* 47. En attendant qu'on ait formé chez les autres Nations des
établiffemens femblables au nôtre, nous nous ferons un plaifir de faire imprimer en relief & en langues étrangères, par nos Aveugles, les livres def-
tinés à l'ufage des étrangers privés de la vue.

(9) *Page* 54. Cette preffe eft de l'invention du Sr. Beaucher, Me. Serrurier.
Machinifte. Elle a rempli nos vues avec fuccès, quant à la facilité d'être fervie
fans efforts par un enfant Aveugle, & de recevoir le Méchanifme que nous
avions à y adapter. Nous croyons cependant qu'une preffion perpendiculaire,
donnée au même inftant à toute la feuille, laifferoit à fon foulage plus de
folidité ; nous efpérons trouver cette perfection dans une preffe d'un autre
genre que le Sr. Beaucher nous a annoncée.

(10) *Page* 56. Quoiqu'aux pages 50 & 56 de cet ouvrage, nous n'ayons
cité les noms que de quelques-uns de Mrs. les Imprimeurs dont nous avons
entendu faire l'éloge, nous ne pouvons nous difpenfer d'avouer que d'après
notre propre façon de penfer, il en eft beaucoup d'autres qui nous paroif-
fent exercer leur état avec diftinction. Nous appercevons même parmi ceux
qui compofent le corps de cette capitale, une émulation générale. Et forcés
par la nature de notre Inftitution de faire nous-mêmes, une efpèce d'appren-
tiffage de cet Art, nous citerions avec plaifir un nombre confidérable de pro-

duction très-connues de différentes preffes, qui ne laiffent rien à defirer,
tant par la netteté des caractères que par le choix du papier, & qui nous
ont fervi de modèles dans l'étude que nous avons eu à faire de la Typographie. D'ailleurs, loin de nous ériger en juges vis-à-vis des perfonnes qui cul-
tivent, foit par état foit par goût, les Sciences ou les Arts, nous louons
jufqu'aux efforts qui n'ont point été couronnés de fuccès.

(11) *Page* 61. Cette production étoit faite à l'aide d'une petite Preffe que
lui a formée Mr. de Kempellen, Auteur de l'Automate-joueur d'Echecs.

(12) *Page* 64. S'il eft une opération chez les Aveugles, qui demande à être
dirigée par les Clairvoyans, c'eft l'Imprimerie à l'ufage de ces derniers,
nous l'avouons. On nous a même fouvent réitéré cette objection fur diverfes
autres parties de notre inftitution. Mais les Clairvoyans eux-mêmes qui tra-
vaillent à la preffe, n'ont-ils pas toujours parmi eux un guide, (le Prote),
aux lumières duquel ils font obligés de déférer? & dans d'autrès états de
la vie ne voit-on pas des perfonnages plus inftruits, diriger ceux qui le font
moins, en attendant que ceux-ci foient en état de conduire à leur tour des
fujets moins expérimentés qu'eux. C'eft ainfi qu'un jour de bataille, le Général d'une armée donne des ordres, dont les Officiers fubalternes ignorent
le but. C'eft ainfi que le Pilote conduit au terme de leur voyage de Savans
Académiciens, qui ne connoiffent pas l'Art de la Navigation.

(13) *Page* 72. La Table Arithmétique de Saunderfon, étoit formée d'une
planche partagée en petits carrés, rangés horifontalement & feparés les
uns des autres de la même diftance; chaque petit carré étoit percé de
neuf trous, favoir, un au milieu de chaque côté. C'étoit par les différentes
pofitions de fiches uniformes dans ces différens trous, que Saunderfon expri-
moit toute efpèce de nombre.

(14) *Ibidem.* Nous avons vu entre les mains de Mlle. Paradis des tables
d'Arithmétique, que nous croyons être celles de Mr. Weiffenbourg. Mais
fans une étude particulière, on ne peut fuivre les opérations qui fe font à
l'aide de ces tables. Nous ne favons même pas fi notre Elève opéreroit auffi
vite & auffi fûrement avec ces moyens, qu'il le fait avec ceux des Clairvoyans, que nous n'avons d'autre mérite, que celui de lui avoir rendu palpables.

(15) *Page* 86. Si le goût & les difpofitions que certains Aveugles montrent

pour le Violon ou pour les inftrumens qui fe marient avec lui, étoient diri-
gés par l'Art, peut-être un jour s'en ferviroient-ils, comme d'un moyen propre à gagner plus honnêtement leur vie. Un Citoyen eftimable (*) qui ap-
prouve toutes les parties de notre Inftitution, fans témoigner pour aucune
d'elles de prédilection particulière, nous fuggéroit, à la fuite d'un de nos
exercices, qu'on pourroit employer utilement par la fuite des Aveugles Mu-
ficiens dans des fêtes.

(16) *Ibidem.* Tout le monde connoit le mérite de M^r. Chauvet, Aveugle,
Organifte de Notre-Dame de Bonne-Nouvelle. On cite en France plufieurs
autres Aveugles, dont le talent affure les efpérances que nous avons conçues
de l'utilité de fon étude pour nos Elèves. Qu'il feroit confolant pour nous
de tirer un jour d'un Art d'agrément, des moyens de fubfiftance pour une
partie de ces infortunés, & de le voir devenir, par un heureux choix, l'inf-
trument de la bienfaifance !

(17) *Page* 88. On nous objecte, avec raifon, que nos Elèves ne pourront
exécuter fur la Mufique ; ce n'a jamais été notre but. Qu'importe qu'ils ren-
dent leurs morceaux par cœur, pourvu qu'ils le faffent fidèlement ?

(18) *Ibidem.* Perfonne n'ignore combien la mémoire des Aveugles eft fûre,
& avec quelle promptitude ils la meublent. On connoit d'ailleurs cette con-
ception que la plûpart d'entre eux montrent dans les opérations difficiles de
l'efprit ; difpofitions fi étonnantes, que l'on douteroit prefque fi la nature a
été plus avare dans fes dons à leur égard, qu'empreffée à les dédommager de
ceux qu'elle leur a refufés.

(19) *Page* 89. Mlle. Paradis, qui s'occupoit de l'étude de la compofition,
pendant fon féjour à Paris, & qui chercha alors des moyens de figurer les
accords, apprit avec plaifir que nous faifions des tentatives à ce fujet. Nous
regrettons que fon départ précipité pour aller recueillir fous un autre climat
le fruit de fes talens, ne nous ait pas laiffé le tems de lui offrir le réful-
tat de nos procédés, pour l'aider à fixer fur le papier la matière de fon
étude.

(20) *Page* 92. Parmi les Aveugles, qui n'ayant pas l'avantage d'avoir la

---

(*) M. Thierry, Auteur de l'Almanach des Voyageurs.

penſion des Quinze-Vingts, ſont obligés de demander leur vie dans la capitale, nous en avons vu pluſieurs qui s'occupoient de quelque travail relatif
aux métiers Le nombre de ceux que nous pouvons faire exercer par les
Aveugles, dans nos Ateliers, eſt très-conſidérable, & nous ne craignons pas
de dire, que ſi nous continuons à être ſecondés, nous parviendrons un jour à
mettre tous les Aveugles à l'abri de l'indigence, en les occupant fruĉtueuſement.

(21) *Page* 93. Les Enfans-Aveugles qui ſont à l'inſtruĉtion dans notre
maiſon d'Inſtitution, filent à l'aide d'une machine fort ingénieuſe de l'invention du Sʳ. Hildebrand, Mécanicien. Un d'entre eux tourne une roue princi-
pale qui donne à pluſieurs rouets un mouvement que chaque fileur peut ar-
rêter, accélérer, ou ralentir à ſon gré, ſans troubler l'ordre général.

(22) *Page* 99. Nous nous ferons un plaiſir de diriger la Fabrication des
uſtenſiles néceſſaires à l'inſtruĉtion de tout Aveugle étranger. Les livres &
Œuvres de Muſique, ſeront fournis par nos Elèves Aveugles, & vendus à
leur *ſeul bénéfice*. Lorſque nous aurons mis la dernière main aux objets de première néceſſité, nous eſpérons nous occuper des jeux, & de tout ce qui pourra
faire pour les Aveugles, l'objet d'une récréation honnête. Nous croyons qu'il
doit entrer également dans nos vues, de faire enſeigner à l'Enfant-Aveugle à
marcher ſans conduĉteur.

(23) *Page* 105. Nous parlons avec d'autant plus de connoiſſance de cauſe de
l'inſtruĉtion des Sourds & Muets, & notre opinion en eſt d'autant plus conforme à la vérité, que forcés par des circonſtances dont nous ne pouvions nous
défendre, de conſacrer les loiſirs que nous laiſſoit l'inſtruĉtion de nos Aveugles
à celle *du jeune homme trouvé ſur les Côtes de Normandie*, qui eſt un Sourd
& preſque Muet, nous avons ſenti à chaque pas combien l'entrepriſe étoit
difficile, au-deſſus de nos forces, & du ſeul reſſort de M. l'Abbé de l'Epée.
Nous nous propoſons de donner l'Hiſtoire de ce jeune homme infortuné. La
compoſition des Planches en ſera faite par lui, & le tirage par les Enfans-
Aveugles. Le tout ſera propoſé par ſouſcription, dont le bénéfice entier di-
viſé en deux portions égales, reviendra moitié aux Enfans-Aveugles, & moitié à ce jeune infortuné.

(24) *Page* 107. Il eût été ſans doute précieux pour Saunderſon, Auteur de
diverſes produĉtions, de les confier lui-même au papier, & ſans être obligé

de s'en rapporter à la foi d'un Copiste, de pouvoir à chaque inftant s'en rendre perfonnellement un compte exact.

Un de nos Elèves montrant quelques difpofitions pour la Poéfie, nous prions nos Lecteurs de nous permettre de l'encourager, en joignant un échantillon de fon talent naiffant, après les modèles des divers ouvrages d'Imprimerie qui peuvent être exécutés par les Aveugles, & qui font à la fin de ce Volume.

PRÉCIS HISTORIQUE

DE la Naiſſance, des Progrès, & de l'état actuel de l'Inſtitution des Enfans-Aveugles.

PLUSIEURS Perſonnes reſpectables ont porté l'intérêt qu'elles prenoient à notre Inſtitution, juſqu'à nous demander comment une pareille idée avoit pu nous entrer dans l'eſprit ; par quels moyens nous en avions tenté l'exécution ; & par quels dégrés elle étoit parvenue au point où elle eſt maintenant. Jaloux de ſatisfaire une ſi louable curioſité, nous nous empreſſons de joindre ici un récit ſuccint de la Naiſſance, des Progrès, & de l'état actuel de notre Etabliſſement.

Une nouveauté d'un genre ſingulier attiroit, il y a pluſieurs années, un concours de monde, à l'entrée d'un de ces lieux de rafraîchiſſemens, placés dans les Promenades publiques, où d'honnêtes Citoyens vont ſe délaſſer un inſtant vers la chûte du jour.

Huit à dix pauvres Aveugles, des lunettes ſur le nez, poſtés le long d'un pupitre qui portoit de la muſique, y exécutoient une ſymphonie diſcordante, qui ſembloit exciter la joie des Aſſiſtans. Un ſentiment tout différent s'empara de notre ame ; & nous conçumes dès l'inſtant la poſſibilité de réaliſer à l'avantage de ces Infortunés, des moyens dont ils n'avoient qu'une jouiſſance apparente & ridicule. L'Aveugle, nous dîmes-nous à nous-mêmes, ne connoit-il pas les objets à la diverſité de leurs formes ? Se méprend-il à la valeur d'une pièce de monnoie ? Pourquoi ne diſtingueroit-il pas un *ut* d'un *ſol*, un *a* d'une *f*, ſi ces caractères étoient rendus palpables.

Nous réfléchiſſions quelquefois à l'utilité de cette exécution, lorſqu'une

autre observation vint encore nous frapper. Un jeune Enfant plein d'intelligence, mais privé de la vue, écoutoit toujours avec fruit corriger
les devoirs Classiques de son frère. Souvent même, il le prioit de lui
lire les livres élémentaires. Celui-ci, plus occupé des objets de ses
récréations, fermoit l'oreille aux sollicitations de son malheureux frère,
qu'une maladie cruelle emporta bientôt.

Ces différens exemples ne tardèrent pas à nous convaincre, combien il
seroit précieux pour les Aveugles d'avoir des moyens qui pussent étendre
leurs connoissances, sans qu'ils fussent obligés d'attendre ou quelquefois
même de demander infructueusement les secours des Clairvoyans.

Si l'exécution de ces moyens nous sembla possible, elle ne laissa pas
de nous présenter d'abord quelques difficultés. Nous avions besoin d'être
encouragés, nous l'avouons. Mademoiselle Paradis arriva dans cette
Capitale. Elle nous fit voir ses tentatives & celles de M. Weissenbourg.
Nous recueillîmes celles des Aveugles qui avoient vécu avant nos jours;
nous mîmes à exécution quelques-uns de leurs procédés; nous y joignîmes
le résultat des nôtres; & nous fîmes un Plan général d'Institution. Il
ne nous manquoit plus qu'un sujet sur lequel nous pussions tenter nos
premiers essais. La Providence sans doute daigna diriger notre choix
sur lui.

François-le-Sueur, frappé de cécité à la suite de convulsions à l'âge
de six semaines, n'avoit, à dix-sept ans & demi, aucune notion relative
aux Lettres. Né d'une famille honnête, mais tout-à-fait dépourvue des
biens de la fortune, & contrainte de chercher des moyens de subsistance
dans la Classe du Peuple la moins aisée, quoique la plus laborieuse,
peut-être, le jeune Aveugle jouit à peine de l'usage de la raison qu'il
craint d'être à charge à ses parens; bientôt il s'oblige de lui-même à
s'aller présenter tous les jours à la porte de nos Temples, pour y demander cette espèce de secours faible & passager, que l'indigent arrache
souvent avec peine au riche qui fuit ses importunités. Plein de joie à
la moindre récolte, il vole avec empressement au sein de sa famille
malheureuse, en partager le fruit avec les auteurs de ses jours, avec

trois sœurs & deux frères, dont le dernier est encore à la mamelle. C'est au milieu de cette vie pénible, aussi peu propre à inspirer qu'à favoriser le goût des Sciences, que notre premier Elève commence son éducation. Bientôt un noble enthousiasme s'empare de lui; il divise sa journée; il enlève à la nécessité de travailler à son existence, des momens qu'il consacre à l'étude. Ses efforts ne tardent pas à être suivis de succès. On nous demande à voir le résultat de nos procédés; nous saisissons la circonstance favorable d'une Assemblée Académique où nous étions nommés pour lire un mémoire. Nous prenons pour sujet quelques réflexions sur l'éducation des Aveugles. M. le Noir, alors Magistrat chargé de l'Administration de la Police, présidoit cette Assemblée. Il voit nos premiers essais, les accueille avec un intérêt qu'il inspire bientôt à des Ministres, protecteurs des Arts & de l'indigence. M. le Comte de Vergennes, M. le Baron de Breteuil, M. le Contrôleur-Général, M. le Garde des Sceaux, veulent bien permettre que le jeune le Sueur fasse ses exercices en leur présence, & tous ces témoins respectables encouragent notre premier Elève par leurs bienfaits.

Mais tandis que nous esquissions ainsi dans le particulier les premiers traits de notre Plan d'Institution des Enfans-Aveugles; déjà une Compagnie de Bienfaisance, composée de Membres de la première distinction, par leur naissance, leurs fonctions, leur fortune, ou leurs talens; dépositaire des bienfaits publics dont chacun d'eux se plaît à augmenter la masse suivant ses facultés; & qui, arrachant des heures à leurs affaires ou à leurs loisirs, vont s'occuper deux fois par mois au fond d'un Cloître, loin des regards publics, des moyens de diminuer le nombre des Infortunés; déja la SOCIÉTÉ PHILANTROPIQUE avoit jetté les fondemens de cette Institution. Douze pauvres Enfans-Aveugles recevoient de cette Compagnie chacun un secours de 12 livres par mois. Satisfaite de nos premières tentatives, elle daigna confier à nos soins ces Infortunés. Nous ne tardâmes pas à concevoir l'espérance d'ajouter, au secours qu'elle leur donnoit, le produit de leurs travaux. Que d'obligations n'avons nous pas à rendre à toute cette Société respectable. Et que ne nous est-il permis de nommer ceux de ſes Membres, qui, n'ayant ni réputation ni fortune à acquérir, ont partagé avec nous, modeſtement & dans le ſilence, les détails nombreux auxquels nous entraîne la direction de cet Etabliſſement!

Bientôt notre Inſtitution acquit un nouveau degré d'intérêt aux yeux du Public. Alors, on ceſſa de croire que la faculté de recevoir par le tact, l'éducation que nous propoſions, étoit reſtreinte à un individu, ſeul favoriſé des diſpoſitions de la Nature. De quatorze Enfans-Aveugles, inſtruits des premiers élémens, il ne s'en trouvoit alors que trois dont les progrès fuſſent lents; parce que, jouiſſant encore d'un foible rayon de lumière, ils obtenoient de moins, du côté du tact ce qui leur reſtoit (preſqu'en pure perte) du côté de la vue.

Il ne manquoit plus, pour mettre le ſceau à cet Etabliſſement, que le témoignage des Savans ſur ſes moyens. L'Académie des Sciences daigna s'occuper de leur examen, & en fit le rapport que nous avons inſéré à la ſuite de cet Ouvrage.

Entraîné par le ſuffrage des Gens inſtruits, par ſa propre expérience, par les mouvemens d'un cœur diſpoſé à favoriſer le bien, le Public s'empreſſa de toutes parts à contribuer aux frais de conſtruction d'un Edifice que nous élevions à la Nature ſouffrante.

L'Académie Royale de Muſique exécuta, le 19 Février 1786, au bénéfice des Enfans-Aveugles, un Concert, dans lequel on fut partagé entre l'admiration qu'excitoient d'une part, le noble déſintéreſſement de ſes Membres, de l'autre, le talent qu'ils firent briller dans cette circonſtance.

Enfin le Lycée, le Muſée, & le Sallon de Correſpondance, ſe diſputèrent, à l'envi, la douce ſatisfaction de voir, au milieu de leurs Séances Académiques, de jeunes Enfans-Aveugles balbutier les premiers élémens de la lecture, des calculs, &c. : Et dans les arênes où le Génie ſeul avoit juſqu'alors donné des encouragemens, on vit pour la première fois la bienfaiſance décerner les Couronnes.

L'enthouſiaſme gagna les Sociétés particulières; & les exercices des

Enfans-Aveugles furent toujours terminés par quelque récolte en leur faveur, envoyée à la Maison Philantropique, qui, joignant ce secours à ceux qui provenoient de ses propres fonds, le leur distribuoit avec la tendresse qu'une bonne mère ressent également pour chacun de ses enfans.

Trente de ces Infortunés partagent maintenant, avec ces secours, les avantages de notre Institution. Plusieurs autres, trop jeunes encore pour être appliqués aux travaux, n'en reçoivent pas moins le soulagement auquel leur triste situation semble leur assurer un droit. Mais dans l'état actuel où est notre Etablissement, nous prions nos Lecteurs de ne le regarder que comme une ébauche. Nous espérons que leur sagacité leur montrera dans ces prémices, le gage des succès qu'ils promettent par la suite. C'est ainsi qu'un Observateur attentif, des productions de la Nature, voit, dans les boutons que le Printems fait pointer de toute part sur les arbres, l'annonce des fruits que produira l'Automne.

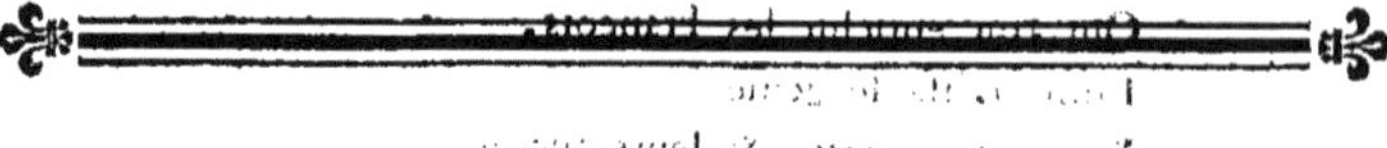

ODE

SUR l'Institution des ENFANS-AVEUGLES.

DESCENDS des Cieux, douce Harmonie,
Et viens te placer dans mes vers;
Accours, & soutiens mon génie,
Pour former d'innocens concerts.
Aimable Dieu de la Lumière,
Guide mes pas dans la carrière
Qui conduit au sacré Vallon;
Daigne m'en applanir la route.
Ma muse, hélas! ne voyant goutte,
Tremble en approchant l'Hélicon.

LE sort condamnoit notre vie
A la stérile oisiveté;
Mais la bienfaisante Industrie
Nous rend à la Société:
Les différens métiers utiles,
Qu'elle fait nous rendre faciles,
Désormais vont nous soulager.
Nous renaissons à l'espérance;
Et notre pénible existence
Devient un fardeau plus léger.

La savante Typographie
Qui vient enrichir les François,
Immortalisa le génie
Des autres Arts, & leurs succès.
Sans yeux, grace aux secrets suprêmes,
Par elle nous pourrons, nous-mêmes,
Transmettre à la postérité
Les lumières des plus Grands Hommes,
La gloire du siècle où nous sommes,
Et l'adorable vérité.

Les Grecs, en chef-d'œuvres fertiles,
Jadis au mortel étonné
Ont produit des maîtres habiles,
Devant qui l'on s'est prosterné ;
Mais du tems de ces Personnages,
A la fois éclairés & sages,
Le Muet a-t-il su parler ?
Et, chaque objet rendu palpable,
L'Aveugle s'est-il vu capable
De lire, écrire & calculer ?

Quoique la sublime Nature,
A jamais se voile à nos yeux,
Nous nous figurons la structure
De la Terre, & même des Cieux.
Des Fleuves nous savons la source ;
Des Astres nous comptons la course,
Et passons successivement
D'Europe dans le Nouveau-Monde,
Grace à la main qui nous seconde,
Et qui nous guide prudemment.

Mes chers Compagnons d'infortune,
Comme moi, bénissez les jours
Qui de notre douleur commune
Commencent d'adoucir le cours;
Et toi, Muse, en rendant hommage
Aux vertus qui font l'apanage
De tous nos zélés Protecteurs,
Dis que notre reconnoissance,
Pour égaler leur bienfaisance,
A jamais vivra dans nos cœurs.

Par HUARD, *Aveugle, Pensionnaire de la Maison
Philantropique de Paris.*

EXTRAIT

EXTRAIT DES REGISTRES

DE L'ACADÉMIE ROYALE

DES SCIENCES.

Du 16 Février 1785.

Nous, Commiſſaires nommés par l'Académie, Meſſieurs Deſmarets, Demours, Vicq-d'Azir & moi, (*) pour examiner le mémoire & la méthode qui lui ont été préſentés par M. Haüy, pour l'Inſ-truction des Aveugles ; avons cru devoir, avant de lui en rendre compte, faire quelques recherches, ſur les moyens tendans à ce même objet, découverts & employés, ſoit par différens aveugles qui ſe ſont inſtruits eux-mêmes, ſoit par différentes perſonnes qui vouloient entreprendre de les inſtruire.

Sans remonter aux temps anciens, qui nous préſen-

(*) M. le Duc de la Rochefoucauld.

A

tent Didyme d'Alexandrie , Eufebe l'Afiatique ,
Nicaife de Méchlin & plufieurs autres aveugles
illuftres, qui avoient apparemment trouvé quelques
moyens dont la connoiffance ne nous eft pas parvenue, nous trouvons dans les temps modernes le
célèbre Saunderfon , frappé d'aveuglement prefque
en naiffant , & n'ayant pu conferver aucun fouvenir
de la vue , devenu l'un des plus illuftres difciples de
Newton , Profeffeur de Mathématiques & d'Optique
à Cambridge , & auteur de plufieurs bons ouvrages,
dans lefquels la privation de ce fens , en ajoutant
à leur mérite , a répandu fur certaines démonftra-
tions , une clarté plus vive que dans la plupart des
Mathématiciens clairvoyans.

Tout le monde connoît fa machine arithmétique ;
une table, percée de trous , & des épingles dont la
tête différoit de groffeur , lui fervoient à calculer
auffi vîte que les clairvoyans avec leur plume ; &
cette même machine devenoit géométrique , au
moyen de fils qui, paffés autour des épingles , rè-

préfentoient à fon tact les figures , que les lignes d'encre ou de crayon repréfentent à notre vue.

Antérieurement à Saunderfon , Jacques‑Ber‑nouilli avoit appris à écrire à une jeune fille qui avoit perdu la vue deux mois après fa naiffance , mais le moyen étoit vraifemblablement très‑im‑parfait ; puifque l'auteur ne l'a pas tranfmis , & puifque Saunderfon , prefque contemporain , n'en a pas eu connaiffance.

M. Diderot , dans fon intéreffante lettre fur les aveugles , nous dit avoir trouvé l'aveugle du Puyfeaux, occupé à faire lire fon fils avec des carac‑tères en relief ; mais il ne nous apprend rien de précis fur la méthode de cet enfeignement.

Melle. de Salignac qui vivoit encore à Paris il y a dix ou douze ans, faifoit ufage de caractères en relief, mobiles ; & le Sieur Richard fondeur , qui travailloit pour elle , en a confervé les formes.

Feu M. de Lamouroux faifoit auffi ufage de ca‑ractères en relief, mobiles ; mais pour la mufique feulement, & s'étoit rendu célèbre dans cet art.

MM. Sodi & Frizéri fe font fervis pour figurer leur mufique d'épingles placées d'une manière connue feulement de leurs copiftes.

Il eft venu fur la fin du mois dernier chez M. Haüy, un aveugle de province, qui note la mufique avec des notes de cire, groffièrement formées & peu folides.

Enfin il exifte encore aujourd'hui deux aveugles, célèbres par leurs talens & par leur inftruction ; l'un eft M. Weiffenbourg de Manheim qui, privé de la vue à l'âge de fept ans, (*) s'eft habitué, d'après des caractères en relief, à en tracer lui-même avec une plume ; il a appris la Géographie d'après des cartes ordinaires divifées par différens fils, dans lefquels font paffés des grains de verre plus ou moins gros, pour défigner les différens ordres de

____

(*) Journal de Paris du 24 Avril 1784, & Nouvelles de la République des Lettres & Arts du 2 Février 1785.

villes,

villes, & parsemées d'un sable glacé de différentes manières pour distinguer les Mers, les Royaumes, les Provinces & c. Il calcule avec des petites planches divisées par de petits carrés, posés horisontalement, qui représentent les unités, les dizaines, les centaines, & sous-divisés chacun par neuf trous, dans lesquels il place de petites chevilles, qui lui servent à former ses nombres, & à faire ses opérations : il joue avec des cartes marquées de trous d'épingles sensibles pour lui seul.

L'autre est M.elle Paradis née à Vienne, devenue aveugle à l'âge de deux ans, âgée maintenant de vingt & célèbre par ses talens pour la musique : M. de Kempellen, auteur de l'automate joueur d'Échecs lui a appris à épeller avec des lettres de carton découpé, & à lire des phrases pointées sur des cartes avec des épingles ; il lui a formé une petite presse au moyen de laquelle elle imprime sur un papier les phrases qu'elle a composées comme un Imprimeur, & elle entretient ainsi une correspondance avec M. Kempellen son

B

maître, & avec M. Weiſſenbourg à qui elle doit une partie de ſes connoiſſances.

L'expoſé que nous venons de faire, indique beaucoup de tentatives & de moyens épars qui ont eu juſques à préſent plus ou moins de ſuccès, mais perſonne n'avoit encore ſongé à raſſembler ces différens moyens, à les diſcuter & à former une méthode ſuivie & complette pour faciliter à une portion malheureuſe de l'humanité l'acquiſition des connoiſſances que la privation du ſens le plus néceſſaire leur refuſoit, & pour leur ouvrir, s'il eſt permis de parler ainſi, l'entrée de la Société des autres hommes. C'eſt ce que M. Haüy a entrepris, & l'Académie va juger juſques à quel point il a réuſſi.

Il emploie des caractères en relief que l'aveugle s'accoûtume à reconnoître au toucher, comme l'enfant à qui l'on montre à lire, reconnoît à la vue les caractères écrits ou imprimés.

Ces caractères ſont ſéparés & mobiles comme ceux des Imprimeurs; on en forme des lignes ſur une

planche percée d'entailles où la queue du caractère
s'engage ; & lorsque la connoiſſance lui en eſt devenue familière, l'aveugle les cherche lui-même dans
les caſes où ils ſont diſpoſés , & les arrange ſur la
planche comme un compoſiteur d'Imprimerie.

Juſques-là, la méthode de M. Haüy reſſemble à celle
de l'aveugle du Puyſeaux & de Melle. de Salignac ;
mais il a ſenti qu'il falloit chercher le moyen de former des livres à l'uſage des Aveugles afin de les mettre en état de lire ſeuls , & de ſe paſſer de ſecours à cet
égard. Il a donc imaginé d'imprimer ſur un papier
fort où la trace des caractères conſerve un relief ſuffiſant pour que l'aveugle puiſſe les lire au tact. Nous
avons vû un de ces livres ſur lequel l'aveugle a lû les
phraſes qu'on lui indiquoit ; quoiqu'imprimées déjà
depuis quelque-tems , le relief étoit encore bien
conſervé ; d'ailleurs il ſera facile de trouver un moyen
pour conſolider ce papier , & donner de la durée à
cette nouvelle eſpece d'Imprimerie.

On voit que ce moyen peut encore ſervir aux

aveugles pour entretenir correspondance entre eux, & en cela il est supérieur à celui de Melle. Paradis qui imprime bien ses écrits ; mais dont M. Weiffenbourg ne peut pas lire les lettres sans un secours étranger.

Il seroit à désirer que les Chimistes s'occupaffent de trouver une encre qui conservât du relief en se féchant alors on pourroit écrire pour les aveugles, & ils pourroient eux-mêmes garder & relire ce qu'ils auroient écrit ; cette découverte multiplieroit encore & faciliteroit pour eux les moyens d'instruction.

Les procédés employés pour les calculs font femblables à ceux que nous avons décrits pour les lettres ; l'aveugle dispose les chiffres sur la planche, & fait toutes les opérations sur les nombres entiers avec la même facilité ; mais celles sur les fractions auroient été beaucoup plus longues & plus compliquées. M. Haüy les a simplifiées en formant pour cette espece de calcul des caractères faits pour contenir à la fois le numérateur & le dénominateur, mais dont une des parties est amovible pour que l'on puiffe y substituer à

volonté

volonté tel ou tel chiffre, & de cette manière avec un petit nombre de caractères différens, l'aveugle exécute toutes les opérations fur les quantités fractionnaires.

Il n'a pas pu réduire autant le nombre des fignes néceffaires pour la mufique ; chacun des caractères contient les cinq lignes & les quatre intervalles avec un feul figne ; il a même fallu qu'il en formât auffi quelques-uns pour les fignes qui fe trouvent accidentellement au deffus ou au deffous des cinq lignes ordinaires ; mais malgré cette multiplicité, l'aveugle les retrouve facilement à la faveur du bon ordre dans lequel ils font difpofés, c'eft pour la mufique, par-exemple, que l'encre de relief feroit d'un grand fecours.

Le procédé pour l'Étude de la Géographie eft à peu près femblable à celui qu'emploie M. Weiffenbourg : le contour des différentes divifions eft en relief, & l'aveugle reconnoît au toucher par leurs formes les différens pays : on employera pour les villes ou autres petits objets des reliefs de différentes formes, & des

C

matières comme le fable , le verre & c^a. reconnoiffa-
bles au tact , pour diftinguer les mers , les lacs , les ri-
vières , & l'on conçoit qu'il eft facile de multiplier ces
fignes autant qu'il fera néceffaire.

Le jeune Le Sueur a exécuté fous les yeux de l'Académie les différentes opérations que nous venons de
décrire , & elle a vu qu'il les exécutoit avec promptitude & facilité ; nous les lui avons fait répéter toutes
en détail , & même quelques-unes de plus , comme de
lire des caractères curfifs pointés avec une épeingle fur
une carte , & d'autres écrits avec la pointe du manche
d'un canif, dont le relief étoit peu confidérable, il les a
lus affez facilement , & maintenant il travaille à employer des caractères de moitié plus petits que ceux
qui ont été apportés à l'Académie.

Non feulement ce jeune homme eft inftruit pour
lui-même ; mais il eft encore l'Inftituteur d'autres aveugles à qui il tranfmet fes connoiffances par les mêmes
procédés qui les lui ont fait acquérir ; nous avons vu
cette École qui préfente un fpectacle à la fois curieux

& touchant; plufieurs jeunes aveugles de l'un & de l'autre fexe apprennent d'un maître aveugle auffi, reçoivent avec joie une inftruction qui leur eft donnée avec intérêt, & tous femblent s'applaudir de concert d'acquérir une exiftence nouvelle.

Il eft bon de faire remarquer à l'Académie que l'éducation du jeune Le Sueur, actuellement âgé de dix-fept ans, ne date que de huit mois. Ce malheureux, né aveugle & dans l'indigence, n'avoit pu recevoir par les autres fens que les idées les plus communes, & à la Pentecôte de l'année dernière il quêtoit à la porte d'une de nos Églifes, & partageoit avec une famille pauvre le fruit modique des aumônes qu'il recevoit. C'eft de là que M. Haüy l'a tiré pour lui donner de l'éducation, & fi les fuccès que nous avons vus font honneur à l'intelligence de l'Élève, ils font fatisfaifans & glorieux pour le maître dont les talens bienfaifans méritent la reconnoiffance publique.

C'eft une affociation de Citoyens charitables qui fournit aux frais de cette École déja compofée de

plus de vingt fujets , & que la fortune de M. Haüy ,
qui n'eſt pas proportionnée à ſon zèle , ne lui eut pas
permis d'entreprendre ſans ſecours.

On peut dire , à l'honneur de notre Siècle , que jamais il n'a régné un amour plus vrai pour le bien de
l'humanité , & que la bienfaiſance n'a été ni plus ac-
tive ni plus éclairée.

Qu'il nous ſoit permis de rendre hommage ici aux
talens & au zèle de M. l'Abbé de l'Épée qui a ouvert
la carrière de l'inſtruction aux Sourds & Muets , M.
Haüy devient à ſon exemple le bienfaiteur des aveugles , & cette partie ſouffrante de l'humanité lui devra
des moyens de bonheur que l'on ne croyoit pas pouvoir eſpérer pour elle.

L'Académie qui a vu avec intérêt les premiers ſuccès de ſon zèle le trouvera ſûrement digne d'être en-
couragé par ſes éloges , & nous lui propoſerons , en
donnant ſon approbation à la méthode que M. Haüy
lui a préſentée , de l'exhorter à la rendre publique , &
de l'aſſurer qu'elle recevra volontiers les nouveaux

comptes

comptes qu'il pourra lui rendre de fes efforts pour la porter au dégré de perfection dont elle eft fufceptible.

Certifié le préfent extrait conforme à l'original, ce dix-huit Février 1785. Signé le Marquis de CONDORCET,

CERTIFICAT

DE MESSIEURS
LES IMPRIMEURS,

Nous fouffignés, certifions qu'affiftant aux Exer=
cices des Enfans Aveugles, ils ont exécuté en notre
préfence différentes parties de notre Art ; que nous
les avons vu fucceffivement compofer d'après un
manufcrit en relief, juftifier les lignes & les pages,
impofer, toucher les formes, marger, fervir la Preffe,
diftribuer les caractères, relier leurs livres, &c. , le
tout à notre fatisfaction ; en foi de quoi nous leur
avons délivré le préfent certificat   A Paris, ce 16
Décembre 1786.

VINCENT, *Ancien Imprimeur de* MONSIEUR.
Signé CLOUSIER, *Imprimeur du* ROI.
SAILLANT, *Ancien Libraire.*

MODÈLES

DES DIFFÉRENTS OUVRAGES

D'IMPRIMERIE,

Qui peuvent être exécutés facilement

PAR LES ENFANS-AVEUGLES.

E

de Participation de Mariage.

M.

Monſieur le Comte DE   a

l'honneur de vous faire part du Mariage de Monſieur

le Marquis DE   ſon Fils, avec

Mademoiſelle *DE*

MODÈLE DE BILLET

De Participation d'Accouchement.

M.

Monsieur le Marquis de   a l'honneur de

vous faire part que Mme. la Marquise de   est

accouchée hier heureusement d'un

La mère & l'enfant se portent bien.

Paris ce 15 Octobre 1786.

F

 MODÈLE DE BILLET

De Service.

M.

Vous êtes prié d'affifter au Service qui fera célébré Mercredi 10 Mai 1786, à 10 heures du matin, en l'É-glife Paroiffiale de Saint-Euftache, pour le repos de l'âme de MESSIRE JEAN-FRANÇOIS

Chevalier, Marquis de   Seigneur de & autres lieux.

REQUIESCAT IN PACE.

De la part de Mme. la Marquife de   fa Veuve.

N°. IV. *MODÈLE DE LETTRE*

Circulaire de Commerce.

Paris ce 15 Octobre 1786.

M

Nous avons l'honneur de vous prévenir que l'intérêt que notre Sieur
avoit cédé dans sa Maison de Commerce aux
Sieurs   ses Commis, suivant sa Circulaire du mois
de Janvier dernier, est résilié d'un commun accord, & n'aura désormais
plus lieu, à compter du 31 de ce mois ; & que la liquidation des affaires
sera faite par notre dit Sieur   sous la raison de
dont vous voudrez bien reconnoître la signature pour n'ajouter foi qu'à
elle seule.

Nous avons l'honneur d'être très-parfaitement,

M

Vos très-humbles & obéissants serviteurs,

Signature de V. T. H. S.

G

 MODÈLE

de Quittance.

JE *foussigné* ANTOINE-LOUIS

ancien Officier du Régiment de

Chevalier de l'Ordre Royal & Militaire de Saint

Louis, & Colonel d'Infanterie : Reconnois avoir reçu de

M

la Somme de

pour le terme échu le premier

mil sept cent   *dont quittance*

A Paris, ce   *mil sept cent*

De Vente ou de Location de Maison.

GRAND-HOTEL

A VENDRE, OU A LOUER

PRÉSENTEMENT.

Cet Hotel, compofé de trois Grands Appartémens de Maîtres avec quatre Remifes, Écuries pour dix Chevaux , & un grand nombre de logemens de Domeftiques, eft fitué Rue S. Louis au Marais.

S'adreffer pour les conditions à M᷄ᵗ Notaire, Rue

H

N°. VII.   *MODÈLE*

de Tableau.

N°.	MESSIEURS	
1	Antoine.	
2	Pierre.	
3	Jean.	
4	Augustin.	
	Total.	

ÉTAT DE DROITS DE PRÉSENCE.

N°. VIII. *MODELES*

de Cartes, de Visites, d'adresses, d'Étiquettes, &c.

Mr. LE BARON DE

pour prendre Congé.

A LOUIS LE BIENFAISANT,

Rue Saint-Honoré.

Les Srs. Antoine & Compagnie, tiennent Magasin de Bijouterie, dans le dernier goût, à juste prix.

A PARIS.

ESSENCE

DE GIROFLE.

REGNE

MINÉRAL.

I

N°. IX. *MODÈLE D'AVIS*

de Changement de Domicile.

LE BUREAU ACADÉMIQUE

POUR

La Traduction des Langues,
Le Déchiffrement des anciens Titres,
L'expédition des Écritures & c.

Ci-devant Rue Coquillière,

Eſt maintenant Rue Notre-Dame des Victoires, vis-à-vis le Mur des Dames Saint-Thomas, même Maiſon que celle de l'Inſtitution des Enfans-Aveugles.

Ce Bureau recommandable par ſon ancienneté, l'approbation du Miniſtère, & la confiance dont l'honore le Public, eſt deſſervi par des Sujets d'une capacité reconnue & d'un nombre ſuffiſant avec célérité, exactitude, diſcrétion & économie des intérêts de chaque Commettant.

MODÈLE
de Prospectus.

INSTITUTION DES ENFANS-AVEUGLES

Le But principal , de cet Établissement eſt de fournir aux pauvres Aveugles des reſſources contre l'indigence , en leur mettant entre les mains quelqu'occupation, analogue à leur goût & à leurs diſpoſitions , & dont ils puiſſent tirer leur ſubſiſtance. Il offre en outre aux Aveugles fortunés , un amuſement & une conſolation.

L'Etude des Langues , celle de l'Hiſtoire , de la Géographie , du Calcul-Arithmétique , des Mathématiques même , de la Muſique & c. ſont les objets auxquels la Lecture & l'Écriture conduiſent les Avengles. Ou les applique avec autant de ſuccés à l'Imprimerie & à la plupart des travaux relatifs aux Métiers te's que la Fiature , le Tricot , le Boiſſeau & c.

Cet Établiſſement a été ſoutenu , depuis ſa naiſſance juſqu'à ce jour , par la Société Philantropique , qui joint aux Secours qu'elle donne aux Enfans-Aveugles , tant de ſes propres fonds que des libéralités étrangères, ceux qu'ils reçoivent de la généroſité des perſonnes qui viennent viſiter leurs travaux.

Les Exercices des Enfans-Aveugles ſont publics, en leur Maiſon d'Inſtitution Rue N. D. des Victoires, N°. 18-les Mercredis & Samedis, à Midi précis, ou aux autres jours & heures qu'on veut bien leur indiquer la veille.

Chaque Aveugle a un bandeau ſur les yeux.

Les Aveugles , fils de gens fortunés , (*) peuvent participer à cette éducation , en la payant au ſeul bénéfice des autres Enfans-Aveugles.

(*) Une Perſonne, qui demeure dans un des Corps de logis de la même Maiſon les prend en Penſion.

J

OBSERVATION.

Tous ces Modèles font fuſceptibles d'augmentation, diminution , changement ou modification quelconque au gré des Commettans.

Il y a encore pluſieurs autres eſpèces d'Ouvrages d'Imprimerie , qui peuvent être exécutées par les Enfans-Aveugles. Il ne s'agit que de leur en écrire la matière , avec une plume de fer , ſans encre , & ſur un papier fort.